전쟁은 끝나지 않았다.
6·25, 잊으면 다시 찾아온다!

용산전쟁기념관

길고 긴
분단의 세월 속에
우리의 소원은 통일
꿈에도 소원은 통일이었지

이제
우리에게 주어진
또 하나의 사명이 있다면
복음 통일을 위해
기도하는 것

보석보다 더 찬란한
자유대한민국 국군 용사에게
주님의 이름으로 드립니다.

하나님께서
세우시고
하나님이
지키시는 나라
자유대한민국!

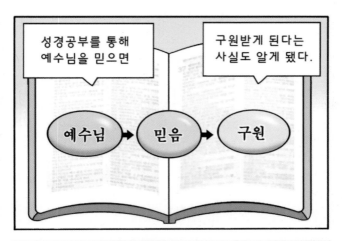

영접 기도문

예수님을 믿기 원한다면 이렇게 기도
하십시오.

하나님 저는 제 맘대로 살아온 죄인
입니다. 저의 죄를 회개합니다. 용서
해 주십시오.
예수님께서 저의 죄 때문에 죽으시고
사흘 만에 다시 부활하신 것을 믿습
니다. 이제 예수님을 저의 주님으로
믿습니다. 천국 가는
그날까지 제 삶을
인도하시고 지켜
주십시오. 예수님
이름으로 기도
드립니다. 아멘.

우리들의 용사 형제님에게

형제님에게 드린 이 전도지를 통하여
하나님의 자녀가 되는 축복을 누리기를 기도합니다.
그러기 위해서는 이번 주일부터 부대교회에 꼭 참석해서
예배를 드리고, 군목(군 선교사님)의 지도를
받으시기 바랍니다.
또한 함께하는 형제들과 믿음의 교제를 나누면서,
전역하는 그날까지
예수님과 깊은 만남이 이뤄지길 바랍니다.
믿음은 '하나님의 말씀을 들음'에서 자라납니다.

"믿음은 들음에서 나며 들음은 그리스도의 말씀으로 말미암았느니라"
(로마서 10장 16~17절)

예수님은 우리의 길이시며,
진리이시며 생명이십니다.
죄로 인해 모든 사람은
하나님을 떠나서
영원한 지옥으로 갈 수밖에 없지만,
예수님으로 인해서
하나님의 자녀가 되고
훗날, 아름다운 천국에서
영생을 누리게 될 것입니다.

"다른 이로써는
구원을 받을 수 없나니
천하 사람 중에 구원을 받을 만한
다른 이름을 우리에게 주신 일이
없음이라 하였더라"

(사도행전 4:12)

일제 36년의 온갖 수탈과
1950년 6월 25일 북괴 김일성의 남침,
3년간의 전쟁으로
잿더미가 된 나라에서
지금은 경제대국, 군사강국!

모든 것이
하나님께서 주신
축복이란 것 외에는
어떤 말로도 설명이 안 된다.

자유대한민국의 근대화는
복음을 받아들이면서부터 시작되었다.

멸공의 횃불

아름다운 이 강산을 지키는 우리 사나이 기백으로 오늘을 산다
포탄의 불바다를 무릅 쓰면서 고향 땅 부모 형제 평화를 위해
전우여 내 나라는 내가 지킨다 멸공의 횃불 아래 목숨을 건다

조국의 푸른 바다 지키는 우리 젊음의 정열 바쳐 오늘을 산다
함포의 벼락불을 쏘아 부치며 겨레의 생명선에 내일을 걸고
전우여 내 나라는 내가 지킨다 멸공의 횃불 아래 목숨을 건다

자유의 푸른 하늘 지키는 우리 충정과 투지로서 오늘을 산다
번갯불 은빛 날개 구름을 뚫고 찬란한 사명감에 날개를 편다
전우여 내 나라는 내가 지킨다 멸공의 횃불 아래 목숨을 건다

조국의 빛난 얼을 지키는 우리 자랑과 보람으로 오늘을 산다
새 역사 창조하는 번영의 이 땅 지키고 싸워 이겨 잘 살아가자
전우여 내 나라는 내가 지킨다 멸공의 횃불 아래 목숨을 건다